VEAMOS LOS CICLOS DE VIDA

Los ciclos de vida de los anfibios

DISCARD

BRAY JACOBSON

TRADUCIDO POR ALBERTO JIMÉNEZ

 Gareth Stevens
PUBLISHING

ENCONTEXTO

Please visit our website, www.garethstevens.com. For a free color catalog of all our high-quality books, call toll free 1-800-542-2595 or fax 1-877-542-2596.

Cataloging-in-Publication Data

Names: Jacobson, Bray.
Title: Los ciclos de vida de los anfibios / Bray Jacobson.
Description: New York : Gareth Stevens Publishing, 2018. | Series: Veamos los ciclos de vida | Includes index.
Identifiers: ISBN 9781538215715 (pbk.) | ISBN 9781538215265 (library bound) | ISBN 9781538215777 (6 pack)
Subjects: LCSH: Frogs--Life cycles--Juvenile literature.
Classification: LCC QL668.E2 J25 2018 | DDC 597.8'9--dc23

First Edition

Published in 2018 by
Gareth Stevens Publishing
111 East 14th Street, Suite 349
New York, NY 10003

Copyright © 2018 Gareth Stevens Publishing

Translator: Alberto Jiménez
Editorial Director, Spanish: Nathalie Beullens-Maoui
Editor, Spanish: María Cristina Brusca
Designer: Samantha DeMartin

Photo credits: Series art Im stocker/Shutterstock.com; cover, p. 1 Kobby Dagan/
Shutterstock.com; p. 5 Serhii Fedoruk/Shutterstock.com; p. 7 (toad) Hurly D'souza/
Shutterstock.com; p. 7 (caecilian) reptiles4all/Shutterstock.com; p. 7 (salamander) Beatrice
Prezzemoli/Shutterstock.com; p. 7 (frog) Alen thien/Shutterstock.com; p. 7 (newt) Bildagentur
Zonar GmbH/Shutterstock.com; p. 9 (salamander) DEA/A. PETRETTI/De Agostini/Getty
Images; p. 9 (salamander larva) De Agostini Picture Library/De Agostini/Getty Images;
p. 11 SidBradypus/Shutterstock.com; p. 13 PusitGuru/Shutterstock.com; p. 15 (frog)
Olhastock/Shutterstock.com; p. 15 (frog illustration) snapgalleria/Shutterstock.com;
p. 17 E R DEGGINGER/Science Source/Getty Images; p. 19 SCOTT CAMAZINE/Science
Source/Getty Images; p. 21 cristi180884/Shutterstock.com; p. 23 (newt) Tiberiu Sahlean/
Shutterstock.com; p. 23 (newt eft) Jay Ondreicka/Shutterstock.com; p. 25 Dante Fenolio/
Science Source/Getty Images; pp. 27 (main), 29 Michael & Patricia Fogden/Minden
Pictures/Getty Images; p. 27 (inset) JAMES HANKEN/Science Source/Getty Images;
p. 30 kamnuan/Shutterstock.com.

Printed in the United States of America

CPSIA compliance information: Batch #CW18GS: For further information contact Gareth Stevens, New York, New York at 1-800-542-2595.

Contenido

Las palabras del glosario se muestran en **negrita** la primera vez que aparecen.

¿Qué es un anfibio?

Los anfibios son uno de los principales grupos de animales de la Tierra. Pasan parte de su vida en el agua y otra parte en tierra. Su piel es húmeda. ¡Suelen vivir cerca del agua para no secarse!

Si quieres saber más

Los anfibios son vertebrados, es decir, animales con columna vertebral.

El grupo de los anfibios se compone de muchos animales **diversos**. Las ranas y los sapos son anfibios, también lo son las salamandras y los tritones. Otro grupo de anfibios llamados cecilias (o cecílidos) ¡parecen gusanos enormes!

Si quieres saber más

La mayoría de las cecilias carecen de patas, tienen ojos muy pequeños y tentáculos para oler y palpar.

cecilia

sapo

salamandra

tritón

rana

7

Un gran cambio

Ciertas fases de los **ciclos de vida** de los anfibios son similares. Muchas **especies** ponen huevos y otras **engendran** larvas **acuáticas** que se parecen poco a los adultos. ¡Veamos los ciclos de vida de algunos anfibios!

Si quieres saber más

La serie de cambios que experimenta una larva de anfibio para convertirse en adulto se llama metamorfosis.

salamandra

larva de
salamandra

9

Vida de
la rana

Todas las ranas salen de huevos. Las hembras ponen una masa de huevos, normalmente en el agua o en lugares húmedos, similar a un racimo de uvas diminuto. ¡Esta masa contiene miles de huevos!

Si quieres saber más

El ciclo de vida de los sapos es semejante al de las ranas, pero ponen los huevos en un cordón en vez de en una masa.

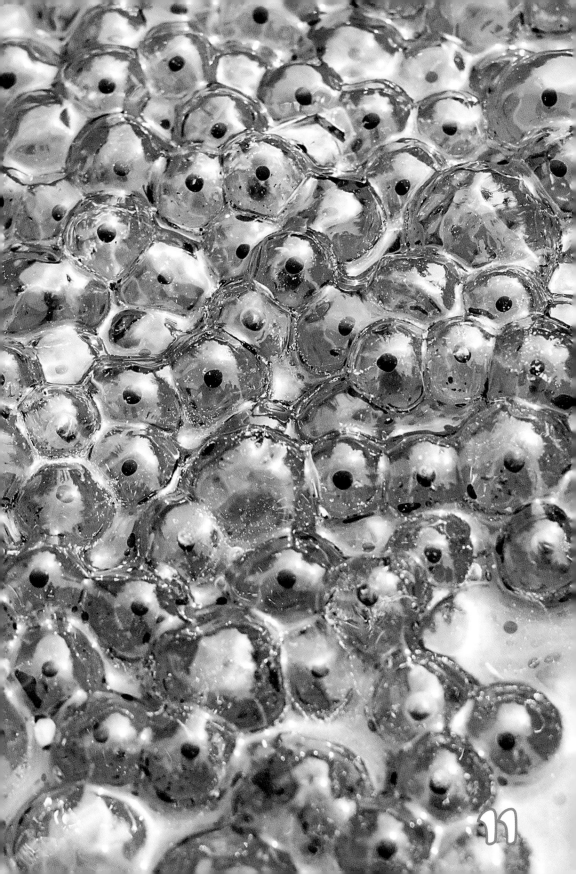

Tras unos días, o semanas, la mayoría de las ranas salen del huevo como renacuajos, es decir, larvas con cola y **branquias** para vivir en el agua. Necesitan mucha comida para crecer: **algas**, plantas y ¡hasta otros renacuajos!

Si quieres saber más

Lo que tarda un renacuajo en convertirse en rana depende de la especie. A unos les lleva semanas y a otros ¡meses!

Una vez que se forman las patas de renacuajo, pierde su cola y sus branquias, y desarrolla sus **pulmones** para que pueda respirar aire. Entonces se llama rana joven, puede salir a tierra, y sus cambios corporales le permiten comer ¡igual que una rana adulta!

Si quieres saber más

Las ranas adultas comen varios tipos de insectos, como moscas, polillas y ¡hasta saltamontes!

El ciclo de vida de
la rana

La hembra de la rana pone huevos.

Los embriones desarrollan una cola dentro del huevo.

A las larvas les crecen patas. Tras 2 meses parecen casi adultas.

Las ranas adultas respiran aire, tienen 4 patas y carecen de cola.

Los renacuajos ya tienen 4 patas. Su cola se acorta.

La asombrosa salamandra

Las salamandras suelen **aparearse** en primavera, y la mayor parte de las hembras ponen huevos. Los llevan en su cuerpo unos días y, la mayoría de las especies, los depositan en el agua. Las madres pueden poner hasta 100 huevos a la vez.

Si quieres saber más

¡Los huevos de salamandra parecen bolitas de gelatina!

Las larvas de salamandra salen del huevo un mes más tarde, tienen cola y nadan bien. ¡Cazan diminutos animales **acuáticos** en cuanto su huevo **eclosiona**! Tienen branquias para respirar bajo el agua.

Si quieres saber más

Ciertas salamandras ponen los huevos en tierra. Los huevos de otras eclosionan ¡dentro del cuerpo de la madre!

19

Poco después de salir del huevo, las larvas desarrollan patas. Tras unos 2 meses empiezan a parecer adultos. Les crecen cuatro patas, pierden las branquias y la aleta caudal (la cola). Sin embargo, les lleva 2 años crecer del todo.

Si quieres saber más

La salamandra común ¡procrea salamandras jóvenes! Puede engendrar hasta 30 a la vez.

El ciclo de vida de la salamandra

Las adultas se aparean.

Las hembras ponen huevos.

Las larvas salen del huevo y cazan.

Las larvas desarrollan patas.

Las jóvenes pierden la aleta caudal y las branquias, y parecen pequeños adultos.

¡No olvides los tritones!

El tritón es un tipo de salamandra. ¡Su ciclo de vida se parece mucho al de ella! Sin embargo, las larvas de algunos tritones pasan poco tiempo en el agua, ya que enseguida salen a la tierra. En esta fase se llaman juveniles.

Si quieres saber más

Todos los tritones son salamandras, ¡pero no todas las salamandras son tritones!

juvenil

23

Las cecilias

Hay unas 200 especies de cecilias (o cecílidos). Algunas ponen huevos y tienen un ciclo de vida similar al de otros anfibios; pero más o menos el 75 por ciento ¡engendran crías desarrolladas por completo!

Si quieres saber más

Las cecilias que salen de huevos viven en el agua como larvas, igual que las ranas, los sapos y muchas salamandras.

25

Después de nacer, muchas crías de cecilia se quedan varias semanas con la madre, ya que esta adquiere una espesa capa de piel grasa que las alimenta. ¡A ciertas crías les salen dientes especiales para comérsela!

Si quieres saber más

Para arrancar y comer la piel materna, las crías tienen dientes: unos cortos y desafiados; y otros, largos y ganchudos.

Radiografía de los dientes

27

Nazcan como huevos o como crías, la mayoría de las cecilias excavan túneles en la tierra… ¡y allí se quedan! Algunas especies de Sudamérica viven en el agua. ¡Es difícil que veas una cecilia!

Si quieres saber más

Los científicos todavía ignoran muchas cosas de las cecilias, incluyendo cómo viven bajo tierra y cómo se aparean.

29

El ciclo de vida de las cecilias

Crías:
crecen dentro
de la madre.

Crías:
la hembra
engendra crías.

Huevos:
las larvas salen
del huevo con
branquias y aleta
caudal.

Huevos:
la hembra pone
los huevos cerca
del agua.

Crías:
se quedan con
la madre y comen
su piel.

Se aparean.

Excavan
túneles bajo
tierra.

Las jóvenes tienen
pulmones, piel
gruesa y órganos
sensoriales.

Glosario

acuáticas/os: que viven, crecen o pasan tiempo en el agua.

algas: seres vivos semejantes a plantas que se encuentran sobre todo en el agua.

aparearse: unirse sexualmente machos y hembras para reproducirse.

branquias: órganos para respirar bajo el agua.

ciclo de vida: fases que atraviesa un ser vivo para crecer y desarrollarse.

diverso: que no es igual, diferente de otros.

eclosionar: abrirse un huevo.

engendrar: procrear, propagar, una especie.

especie: grupo de plantas o animales de igual clase.

pulmones: órganos con forma de saco que los animales terrestres usan para respirar.

Para más información

Libros

Amstutz, L. J. *Investigating Animal Life Cycles*. Minneapolis, MN: Lerner Publications, 2016.

Berne, E. C. *Amphibians*. North Mankato, MN: Capstone Press, 2017.

Sitios de Internet

Anfibios
kids.sandiegozoo.org/animals/amphibians
Aprende más sobre los anfibios y encuentra enlaces para informarte sobre otros animales.

Nota del editor a los educadores y padres: nuestro personal especializado ha revisado cuidadosamente estos sitios web para asegurarse de que sean apropiados para los estudiantes. Muchos sitios web cambian con frecuencia, por lo que no podemos garantizar que posteriores contenidos que se suban a esas páginas cumplan con nuestros estándares de calidad y valor educativo. Tengan presente que se debe supervisar cuidadosamente a los estudiantes siempre que tengan acceso al Internet.

Índice